LES NOUVEAUX DROITS

SUR LES SUCCESSIONS

ET

LA PROPRIÉTÉ FONCIÈRE

PAR

LE BARON CHARLES DE MEAUX

ANCIEN INSPECTEUR DES FINANCES

Extrait de *LA RÉFORME SOCIALE*

PARIS

AU SECRÉTARIAT DE LA SOCIÉTÉ D'ÉCONOMIE SOCIALE

54, RUE DE SEINE, 54

—

1901

SOCIÉTÉ INTERNATIONALE D'ÉCONOMIE SOCIALE

La Société, fondée par Le Play, s'est constituée le 27 novembre 1856, pour remplir le vœu exprimé par l'Académie des sciences, en couronnant l'ouvrage intitulé les *Ouvriers européens*. Elle applique à l'étude comparée des diverses constitutions sociales la méthode d'observation, dite des monographies des familles. Elle reproduit les monographies les plus remarquables dans le recueil intitulé les *Ouvriers des deux mondes*, et publie le compte rendu *in extenso* de ses séances dans la *Réforme sociale, bulletin de la Société d'économie sociale et des Unions*.

La *Société d'Economie sociale* se compose de *Membres honoraires* versant une cotisation de 100 francs par an, au minimum, et de *Membres titulaires* payant 25 francs. L'un et l'autre de ces deux prix donnent droit à recevoir la *Réforme sociale*, qui est adressée à tous les Membres deux fois par mois, le 1er et le 16 ; et les *Ouvriers des deux mondes* qui paraissent par fascicules trimestriels.

De 1865 à 1885 le *Bulletin* des séances forme 9 vol. in-8° avec tables méthodiques. La collection complète (rare) : 68 francs. — Depuis 1886, le *Bulletin* est remplacé par la *Réforme sociale*.

LES UNIONS DE LA PAIX SOCIALE

Les *Unions* ont pour but de propager et de mettre en pratique les doctrines de l'*Ecole de la paix sociale* Elle sont réparties par petits groupes en France et à l'étranger. Leur action s'exerce par l'intermédiaire de CORRESPONDANTS locaux.

Les membres sont invités à transmettre au secrétariat général les faits qu'ils ont pu observer autour d'eux, ou les renseignements qui sont parvenus à leur connaissance. Ces communications sont, suivant leur importance, mentionnées ou reproduites dans la *Réforme sociale*.

Les *Unions* se composent de membres *associés* et de membres *titulaires*. Les membres *associés* versent une cotisation annuelle de 15 francs (France et étranger), qui leur donne droit à recevoir deux fois par mois la *Réforme sociale, bulletin* de la *Société* et des *Unions*. Les *membres titulaires* concourent plus intimement aux travaux qui servent de base à la doctrine des *Unions* ; ils payent, outre la cotisation annuelle, un droit d'entrée de 10 francs au moment de leur admission et reçoivent, en retour, pour une *valeur égale* d'ouvrages choisis dans la *Bibliothèque de la paix sociale* et livrés au prix de revient.

Pour être admis dans les *Unions de la paix sociale*, il faut être présenté par un membre, ou adresser directement une demande d'admission au Secrétaire général, rue de Seine, 54, à Paris. — Les noms des membres nouvellement admis sont publiés dans la *Réforme sociale*.

COMITÉ DE DÉFENSE ET DE PROGRÈS SOCIAL

La *Réforme sociale* publie *in extenso* la plupart des conférences faites sous les auspices du *Comité de défense et de progrès social*. Chacune des conférences faites de 1895 à 1900 a été éditée, en vue de la propagande, en une brochure in-18 au prix de **Cinq centimes**. (Envoi *franco* à partir de 10 exemplaires.)

LES NOUVEAUX DROITS

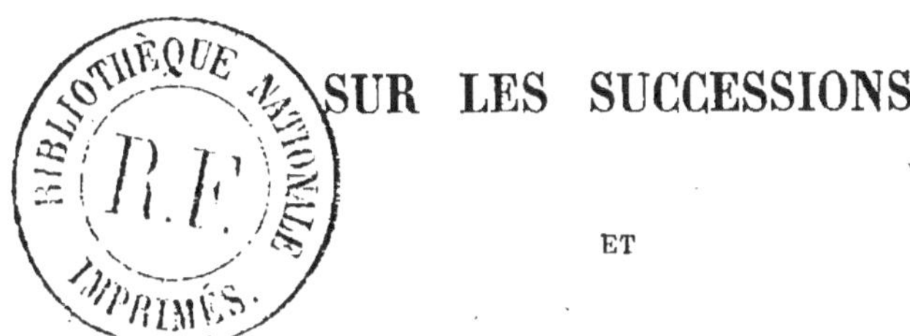

SUR LES SUCCESSIONS

ET

LA PROPRIÉTÉ FONCIÈRE

PAR

LE BARON CHARLES DE MEAUX

ANCIEN INSPECTEUR DES FINANCES

Extrait de *LA RÉFORME SOCIALE*

PARIS

AU SECRÉTARIAT DE LA SOCIÉTÉ D'ÉCONOMIE SOCIALE

54, RUE DE SEINE, 54

—

1901

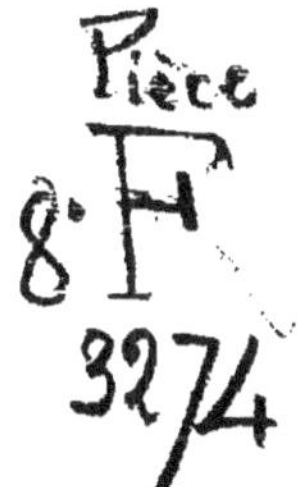

LES

NOUVEAUX DROITS SUR LES SUCCESSIONS

ET LA PROPRIÉTÉ FONCIÈRE

La Chambre vient d'adopter la loi qui était en suspens depuis plusieurs années sur les droits de succession et de substituer, pour cette catégorie de droits, le principe de l'impôt progressif au système de la proportionnalité. La discussion des articles terminée, au moment où il allait être procédé au vote d'ensemble, M. Fachard, en son nom et au nom de MM. Audiffred, Brindeau et de quelques autres de ses collègues, est venu apporter à la tribune une dernière protestation contre ce bouleversement de notre régime fiscal, protestation qu'il convient de citer, bien qu'elle soit demeurée inefficace, parce qu'elle résume avec une remarquable netteté le caractère et la portée de la loi nouvelle :

« Considérant que le principe de la progression de l'impôt constitue l'innovation la plus grave qui puisse être apportée dans notre régime fiscal; qu'il est contraire aux principes d'égalité proclamés par la Révolution ;

« Que ceux-là mêmes qui l'introduisent dans la loi sont obligés, par une étrange contradiction, de le faire peser sur les fortunes les plus modestes, en épargnant les plus grosses ;

« Que seul l'impôt proportionnel constitue une garantie contre des excès de fiscalité toujours possibles à certaines heures, aucun contribuable ne pouvant, avec cet impôt, être frappé sans que les autres en ressentent le contre-coup ;

« Que la progression introduit dans la distribution de l'impôt le plus épouvantable des arbitraires, selon l'expression de M. le président du conseil qui la subit aujourd'hui ;

« Considérant notamment :

« Que si la loi des successions nous donne enfin la réforme si longtemps demandée de la déduction du passif et des mutations d'usufruit, elle n'en pèsera pas moins d'un poids énorme, par l'augmentation de tous les tarifs, sur la propriété immobilière et terrienne, sans atteindre la fortune mobilière qui échappera toujours à son action ;

« Qu'elle se traduira, en résumé, par une surcharge d'impôts pour la propriété rurale sans apporter comme compensation le dégrèvement tant de fois promis à l'agriculture des mutations à titre onéreux,

« Déclarent qu'ils voteront contre l'ensemble de la loi (1). »

Je n'entreprendrai pas de développer ici, comme il conviendrait, chacune des critiques condensées dans ces quelques lignes, si précises et si concluantes. Je voudrais me borner à la dernière, à celle qui a trait aux effets des nouveaux tarifs sur la propriété foncière et spécialement sur la propriété rurale.

Pour bien comprendre les observations qui vont suivre, il faut se rappeler que :

1° Pour le calcul des droits, la valeur des immeubles s'établit en multipliant par 25 s'il s'agit d'immeubles ruraux, par 20 s'il s'agit d'immeubles urbains, le revenu qu'ils sont susceptibles de produire, revenu déterminé par les baux en cours, s'il y en a, et, à défaut de baux, par comparaison avec des immeubles loués dans des conditions similaires. Ce système semble au premier abord éminemment avantageux pour les propriétaires fonciers, attendu que le revenu des terres ne se capitalise pas sur le pied de 5 ou de 4 %, mais bien plutôt de 3 % ; en le capitalisant au denier 25 et non au denier 33, l'administration paraît donc asseoir ses perceptions sur une estimation inférieure à la valeur véritable des biens soumis aux droits. Mais il n'en est rien en réalité. Le revenu qui est capitalisé au denier 25, en effet, n'est pas le revenu net, mais le revenu brut, c'est-à-dire le montant nominal des loyers sans déduction aucune pour les impôts, les réparations et les charges de toute nature incombant au propriétaire. Or l'impôt à lui seul représente environ le quart du revenu brut : c'est à ce taux que l'administration elle-même l'évalue pour liquider les droits sur les baux, toutes les fois où il est mis à la charge du fermier et que le montant n'en est pas expressément spécifié dans le bail. Dans ces conditions, la capitalisation au denier 25 des immeubles ruraux tend non pas à en réduire, mais à en exagérer la valeur. Vous héritez d'une ferme louée 4.000 francs : de ces 4.000 francs il y a lieu de déduire 1.000 francs d'impôt foncier, 300 à 400 francs pour réparations, frais de régie et autres dépenses annuelles. Vos revenus véritables, du fait de cet héritage, ne se trouvent donc

(1) *Chambre*, 19 novembre 1900 (*Journal officiel*, p. 2143).

accrus que de 2.600 ou 2.700 francs. Vous n'en serez pas moins obligé de payer comme si vous aviez recueilli un capital de 100.000 francs.

Pour les valeurs mobilières, au contraire, c'est leur cours au jour du décès qui sert de base à la liquidation des droits. Supposons que votre auteur, au lieu de vous léguer une ferme, vous eût laissé 2.700 francs de rente russe 3 % : les droits eussent été liquidés sur 78.075 francs (1) et non sur 100.000.

Il est bien vrai que ce mode d'évaluation des immeubles n'est pas nouveau et qu'il plaçait les propriétaires fonciers, même sous l'empire des tarifs en vigueur jusqu'à ce jour, dans une situation défavorable par rapport aux détenteurs de valeurs mobilières. Mais si les conséquences de ce système étaient déjà sensibles avec l'impôt proportionnel, combien l'application d'un tarif progressif ne va-t-elle pas les aggraver !

2° Pour les immeubles « dont la destination actuelle n'est pas de procurer un revenu », l'Administration est autorisée à liquider le droit sur leur valeur vénale au lieu de capitaliser leur valeur locative. Ceci est nouveau — et dangereux autant que nouveau. Que faut-il entendre par « immeubles dont la destination actuelle n'est pas de procurer un revenu » ? Ce sont, a dit le ministre des finances, « les immeubles dont le revenu n'est pas en proportion de leur valeur réelle » — terrains à bâtir pouvant faire l'objet de spéculations ultérieures, châteaux ou propriétés d'agrément. A quoi M. Jules Baron répliquait avec raison : « Propriétés d'agrément, propriétés qui ne sont susceptibles d'aucun revenu, — j'avoue que lorsqu'il s'agira de faire une déclaration de succession, plus d'un notaire, plus d'un homme d'affaires ou d'un redevable sera fort embarrassé pour savoir si celui qui habite personnellement sa maison occupe un château, une propriété d'agrément ou une propriété susceptible de revenu. »

D'ailleurs, qu'est-ce que la valeur vénale ? C'est, comme le disait M. Raiberti, « le rapport de l'offre à la demande, c'est-à-dire ce qu'il y a de plus mobile et de plus changeant dans ce monde, quand il n'existe pas de Bourse dont la cote officielle puisse donner jour par jour la valeur de ce rapport. Elle dépend du lieu, du jour, des personnes, du moment, des circonstances; elle dépend du besoin qu'a le propriétaire de se défaire de sa chose, de l'affection

(1) Au cours de 86 fr. 75 coté le 15 décembre 1900.

qui l'y attache, du désir qu'a l'acquéreur de devenir propriétaire, en un mot d'une foule de circonstances qui changent à chaque instant (1) ».

Rien de plus difficile par conséquent à déterminer : rien surtout qui ne se prête, de la meilleure foi du monde, à des appréciations plus diverses. Les parties appelées à déclarer la valeur d'un immeuble de cette espèce se trouveront singulièrement embarrassées : elles le seront d'autant plus que l'Administration, si elle juge leur déclaration insuffisante, provoquera une expertise, et que toute insuffisance constatée par les experts (2) donnera lieu, non seulement à la perception d'un supplément de droit sur la valeur dont la succession se trouve ainsi majorée, mais à une amende égale à ce supplément de droit. On assimile ainsi à une fraude et l'on punit comme telle la simple erreur de l'héritier, ou, pour mieux dire, toute divergence d'appréciation entre lui et les experts dans une question où il est si facile cependant et si légitime de différer d'avis. M. Jules Baron s'est vainement élevé contre cette disposition draconienne. « La situation est la même, a répondu le ministre, qu'en matière de ventes d'immeubles : là aussi, quand l'expertise donne tort au déclarant, le double droi est réclamé sur la valeur qui excède le prix déclaré ». Mais en matière de vente une différence entre le prix réel et le prix déclaré suppose une collusion entre le vendeur et l'acheteur. En est-il de même quand il s'agit d'un héritier obligé de déterminer à lui seul, pour en faire la base de sa déclaration, la valeur essentiellement variable, hypothétique et aléatoire d'un bien qui souvent n'a jamais fait l'objet d'une vente, et neuf fois sur dix ne trouverait preneur à aucun prix, s'il était mis en vente (3) ? La Chambre n'a

(1) *Chambre*, 16 novembre 1900. (*Journal Officiel*, p. 2102 et suivantes.)

(2) L'un des experts est désigné par l'administration, l'autre par le contribuable, et le tiers expert par le juge de paix : c'est donc à un représentant plus ou moins direct de l'Etat que revient le dernier mot.

(3) « Tous les notaires de notre région, disait M. Bougère, pourront vous certifier, ainsi que les fonctionnaires de l'enregistrement, qu'à notre époque, où a dépréciation de la propriété rurale est considérable, si on trouve encore des acquéreurs pour des fermes, il est très difficile de vendre une terre lorsqu'un château en dépend. Ce château représente en effet une charge qui absorbe tout ou partie des revenus du propriétaire. Il les absorbe au profit du pays environnant dont le châtelain emploie les ouvriers pour ses réparations, constructions, entretiens de bâtiments, de chevaux et de voitures. Si vous grevez trop cette habitation, vous la ferez abandonner et vous aurez ainsi contribué à dépeupler a campagne des gens qui y vivaient. » (*Chambre*, 16 novembre 1900. *Journal Officiel*, p. 2103.)

pas voulu faire état de cette différence. Elle a tenu au contraire à spéculer — M. Caillaux l'a clairement indiqué dans sa réplique à MM. Baron et Bougère — sur cette menace d'amende pour amener les héritiers à majorer leurs estimations.

Et c'est là encore une prime donnée à la possession de valeurs mobilières. Au lieu d'employer ses économies à créer une installation à la campagne, un père de famille n'aura-t-il pas tout intérêt à les convertir en titres, à prendre un appartement dans quelque ville où la vie ne sera pas notablement plus chère qu'à la campagne et à détacher ses coupons à l'échéance pour payer son loyer? Il y gagnera, non seulement de garder à sa disposition un capital facile à réaliser et commodément divisible, mais encore d'épargner à ses enfants, après son décès, toutes les incertitudes, les chicanes, disons le mot, les exactions auxquelles une habitation rurale les exposerait.

3° Toute exagération de tarifs est une incitation à la fraude, le contribuable se trouvant naturellement enclin à compenser par des dissimulations les charges qu'il trouve excessives. Or les valeurs mobilières se prêtent aux dissimulations infiniment mieux que les « biens au soleil ». Sans doute la nouvelle loi prescrit à tous les dépositaires de titres dépendant d'une succession — sociétés de crédit, notaires, agents de change ou agents d'affaires — de les signaler à l'Enregistrement. Mais la loi ne peut étendre son action au delà de nos frontières, et il suffira aux parties, pour y échapper, de déposer leurs titres à l'étranger, ce qui, avec les facilités actuelles de communication, ne leur coûtera ni grandes dépenses, ni grands dérangements. Sans doute encore les familles ont intérêt à constater par des partages réguliers la consistance et l'origine exactes des fortunes : et l'Administration compte sur les partages pour assurer et contrôler la sincérité des déclarations de succession. Mais on peut recourir à des partages sous signature privée qui ne sont pas nécessairement soumis à l'Enregistrement. Les partages supposent d'ailleurs la présence de plusieurs héritiers, et les familles où l'on s'arrange pour n'avoir qu'un enfant sont nombreuses, et le deviennent chaque jour davantage. Quoi qu'on fasse, les valeurs qui se transmettent de la main à la main seront toujours plus faciles à dissimuler que les immeubles et il est impossible que le public n'en tienne pas compte.

On soutient, il est vrai, que les nouveaux tarifs n'ont rien d'excessif, on fait remarquer que la progression n'est pas indéfinie (1), que l'impôt est progressif sur les parts successorales de 1 franc à 250.000 francs en ligne directe, de 1 franc à 1 million dans les autres lignes, et devient ensuite proportionnel, qu'en ligne directe il ne dépasse pas 2.50 % et que ce taux ne saurait léser les contribuables au point de déterminer de profondes modifications dans l'assiette des fortunes.

Admettons que la progression actuelle ne soit pas destinée à s'aggraver à plus ou moins brève échéance et que l'on ne cherchera pas tôt ou tard à tirer du principe qui vient d'être posé toutes les conséquences qu'il comporte. Prenons le tarif adopté par la Chambre tel qu'il est : voyons s'il n'entraîne pas une aggravation sensible des charges existantes, et si cette aggravation n'atteint pas les immeubles d'une tout autre façon que les valeurs mobilières.

Un homme meurt laissant une femme âgée de 39 ans et deux enfants. Sa succession comprend une habitation à la campagne et trois fermes louées 12.000 francs. Elle se partage, conformément à la loi de 1891, entre la femme, qui recueille l'usufruit du quart, et les enfants, qui héritent tout à la fois de la nue propriété de ce quart et de la toute-propriété des trois autres.

En multipliant le revenu des fermes (12.000 fr.) par 25 on obtient un capital de.........................F.	300.000
L'habitation et ses dépendances sont estimées — valeur vénale — à....................................	60.000
Le mobilier à..	20.000
Total...............................	380.000

(1) Voici pour les successions les plus fréquentes les tarifs nouveaux en regard des anciens :

	Ligne directe.	Entre époux.
Ancien tarif. — Taux applicable à l'actif brut, quel qu'en soit le montant............................	1.25 %	3.75 %
Nouveau tarif. — Taux applicable à la fraction de part nette comprise entre...........................		
1 à 2.000 fr..............	1 %	3.75 %
2.001 à 10.000 fr..............	1.25 %	4 %
10.001 à 50.000 fr..............	1.50 %	4.50 %
50.001 à 100.000 fr..............	1.75 %	5 %
100.001 à 250.000 fr..............	2 %	5.50 %
250.001 à 500.000 fr..............	2.50 %	6 %
500.001 à 1 million..............	2.50 %	6.50 %
Au-dessus de 1 million..............	2.50 %	7 %

L'usufruit de la veuve (1) est réputé égal aux 5/10 du quart, soit à.	47.500	ci	380.000
La part des enfants s'élève en conséquence à...........	332.500,		
La veuve aura à payer :			
Sur 2.000 à 3.75 %...	75 00		
8.000 à 4 %......	320 00		
37.500 à 4.50 %...	1.687 50		
Total : 47.500	2.082 50,	ci	2.082 50
Chacun des enfants recueillant moitié de 332.500, soit 166.250 fr., paiera :			
Sur 2.000 à 1 %......	20		
8.000 à 1.25 %...	120		
40.000 à 1.50 %...	600		
50.000 à 1.75 %...	875		
66.250 à 2 %......	1.325		
Total : 166.250	2.940		
Soit pour les deux........	5.880,	ci	5.880 00
Total général.......			7.962 50

Sous le régime en vigueur jusqu'à ce jour l'habitation évaluée d'après sa valeur locative n'eût vraisemblablement pas dépassé 40.000 fr. et la succession se fût trouvée réduite à 360.000 fr. Par suite les droits se seraient élevés à :

Pour la veuve, à raison de 3.75 % sur $\frac{90.000}{2}$ = 45.000 à..........	1.687 50		
Pour les enfants, à raison de 1.25 % sur 360.000, à....	4.500 00,	ci	6.187 50
Différence en plus résultant des nouveaux tarifs.........			1.775 00

Soit une augmentation de 28 % par rapport au régime antérieur ; et cela, malgré l'avantage résultant du nouveau mode d'évaluation de l'usufruit et de la propriété.

(1) Jusqu'à ce jour l'usufruit était estimé moitié de la valeur de l'objet, quel que fût l'âge de l'usufruitier, et le nu-propriétaire payait comme s'il eût recueilli immédiatement la pleine propriété. Désormais l'usufruit d'une part, la nue-propriété de l'autre, feront l'objet d'évaluations distinctes basées sur l'âge de l'usufruitier, et l'impôt sera liquidé sur la valeur actuelle et respective de chacun de ces éléments.

Toute modérée qu'elle paraisse au premier abord, la progression instituée par la Chambre est donc loin d'être inoffensive. Remarquez que si les terres qui constituent l'héritage sont louées 12.000 francs, leur produit net est sensiblement moindre. Il convient en effet, comme il a été dit plus haut, de défalquer au moins le quart de ces 12.000 francs pour tenir compte de l'impôt foncier et des diverses charges incombant au propriétaire. Le revenu dont les héritiers pourront disposer effectivement ne dépasse donc pas 9.000 francs, et les droits qu'il leur faudra payer dans les six mois du décès, à un moment où la situation de la famille, loin de s'améliorer, risque bien plutôt d'être compromise par la disparition de son chef, ces droits s'élèvent à près de 8.000 francs ! Où prendre cette somme ? De quoi les héritiers vivront-ils pendant l'année où ils l'auront versée ? — Du produit de leur travail? — Mais si ce sont des mineurs? — Il leur faudra emprunter ou vendre, et sans doute emprunter en attendant d'avoir pu vendre, et vendre ensuite pour solder leur emprunt. Les terres, qu'on ne l'oublie point, ne s'aliènent pas du jour au lendemain comme les valeurs mobilières ; elles ne se prêtent pas comme celles-ci à des fractionnements correspondant exactement au besoin du moment ; la vente en est grevée de droits exorbitants qui nominalement sont à la charge de l'acquéreur, mais dont il tient compte, en réduisant d'autant le prix qu'il eût payé si ces droits n'avaient pas existé. Pour aliéner de la rente française ou des fonds d'Etats étrangers, il n'en coûte que la commission de l'agent de change de 1 fr. 0/00 et l'impôt sur les opérations de 0 fr. 05 0/00. Si vous vendez un champ, l'Enregistrement à lui seul — sans parler du notaire — prélèvera un droit de 6 fr. 87 %. Du moment où les droits de succession s'élèvent à un taux qui nécessite l'aliénation d'une portion de l'héritage, — et c'est le cas du système qui vient d'être adopté, — les valeurs mobilières présentent donc par rapport aux immeubles une supériorité exactement égale à la différence existant entre un impôt de 6.87 pour cent et une taxe de 1 + 0 fr. 05 = 1 fr. 05 pour mille.

En regard du propriétaire foncier dont nous venons d'examiner la succession, plaçons maintenant un rentier jouissant exactement de la même aisance, mais qui s'est gardé de rien immobiliser de sa fortune :

Il laisse à ses héritiers 3.000 francs de rente russe 3 %,

3.000 francs de florins autrichiens 4 %, et 3.000 francs de Daïrah Sanieh 4 %. — Ces diverses valeurs, — valeurs de tout repos, — au cours du 15 décembre dernier, représentent un capital de.......	239.675
Il laisse en outre, au lieu d'une habitation à la campagne, 1.800 francs de rente danoise 3 %, qu'il consacre à payer un loyer d'égale somme dans une petite ville et qui valent..	52.800
Son mobilier enfin est estimé.....................	20.000
Total........................	312.475

Il a pour héritiers, lui aussi, une veuve et deux enfants. Leur situation est identique à celle de la famille du propriétaire foncier : elle est même plus avantageuse parce que leurs dépenses d'habitation sont gagées par des valeurs cotées, d'une réalisation toujours facile, et non par la possession d'un immeuble qui se prête mal à une évaluation exacte et plus mal encore à une vente immédiate. Il n'empêche qu'aux yeux de l'Enregistrement ils passeront pour avoir recueilli une succession inférieure de 60.000 francs (en chiffres ronds) à celle du propriétaire foncier et que les droits seront liquidés en conséquence. Par suite la veuve paiera pour son usufruit du quart, c'est-à-dire pour les 5/10 des 78.119 fr. = 39.059 50 :

Sur	2.000	à 3.75 %..........	75 00	
	8.000	à 4 %.............	320 00	
	29.060	à 4.50 %..........	1.307 70	
Total :	39.060		1.702 70, ci	1.702 70

Les enfants recueillent : 273.415 00

Dont moitié pour chacun, soit..................... 136.707 50

Chacun paiera :

Sur	2.000 00	à 1 %.............	20 00	
	8.000 00	à 1.25 %..........	120 00	
	40.000 00	à 1.50 %..........	600 00	
	50.000 00	à 1.75 %..........	875 00	
	36.707 50	à 2 %.............	734 15	
Total :	136.707 50		2.349 15	
Ce qui fera pour les deux........................				4.698 30
Total général.............................				6.401 00

Ils paieront donc............................	1.361 50
de moins que les héritiers du propriétaire foncier,	
pour lesquels les droits calculés ci-dessus s'élèvent à.	7.962 50

Ainsi le fait qu'un père de famille se trouvera posséder une fortune immobilière au lieu d'une fortune mobilière équivaudra pour ses héritiers à une augmentation de droits de 25 %. Croit-on que cette considération reste sans effet? Et le moment est-il bien choisi pour ajouter cette raison à toutes celles qui poussent déjà les capitalistes à se désintéresser de la terre?

Encore ne s'agit-il là que de fortunes moyennes, sur lesquelles la progression n'atteint pas son maximum. Que serait-ce si nous envisagions les gros héritages taxés à 2.50 % en ligne directe, à 7 % entre époux! L'écart serait bien plus considérable : d'où il suit que plus un homme sera riche, et plus il sera porté à n'avoir pas de propriétés foncières à transmettre à ses enfants. Est-il donc conforme aux intérêts économiques du pays, est-il sage au point de vue social d'inciter les classes aisées à déserter les campagnes?

Ch. de Meaux,

Ancien inspecteur des finances.

PARIS. — IMPRIMERIE F. LEVÉ, RUE CASSETTE, 17.

ÉCOLE DE LA PAIX SOCIALE

1re Section. Œuvres de Le Play, éditées à Tours par MM. A. Mame et fils

Les Ouvriers européens. 6 vol. in-8° (vendus séparément)........... 30 fr.
La Réforme sociale en France. 7e édition. 3 vol. in-18............ 5 fr.
L'organisation du travail. 6e édition. 1 vol. in-18............... 2 fr.
L'organisation de la famille. 4e édition. 1 vol. in-18............ 2 fr.
La Paix sociale après les désastres de 1871. 1 brochure in-18..... 0 fr. 60
La Correspondance sociale. 9 brochures in-18...................... 2 fr.
La Constitution de l'Angleterre. 2 vol. in-18..................... 4 fr.
La Réforme en Europe et le salut en France. 1 vol in-18........... 1 fr. 50
La Constitution essentielle de l'humanité. 2e édition. 1 vol. in-18... 2 fr.
La Question sociale au XIXe siècle. 1 brochure in-18.............. 0 fr. 30
L'Ecole de la paix sociale. 1 brochure in-18...................... 0 fr. 20

IIe Section. Publications de la Société d'Économie sociale

Les Ouvriers des deux mondes. 1re série, 5 vol. in-8°............. 80 fr.
2e série; ch. tome 15 fr., t. V, en cours; chaque monographie. 2 fr.
Instruction sur la méthode des monographies. Nouv. édit. 1 vol. in-8°.. 2 fr.
Bulletin des séances de la Société d'Economie sociale, 1re série 9 vol. in-8°. 68 fr.
La Réforme sociale. 1re série (1881-1885), 10 vol. in 8°.......... 80 fr.
2e série (1886-1890), 3e série (1891-1895), chac., 80 fr. — 4e série, ch. vol. 7 fr.
Annuaires des Unions et de l'Economie sociale, 5 vol.............. 15 fr.
Exp. de 1867. Rapport sur les ateliers qui conservent la paix sociale. in-8°. 1 fr.
La Réforme sociale et le centenaire de la Révolution. Travaux du Congrès de 1889, avec une lettre-préface de M. Taine, et une introduction sur les principes de 1789, l'ancien régime et la Révolution. In-8° (*en petit nombre*)........ 10 fr.
Les Unions de la paix sociale leur programme d'action et leur méthode d'enquête, par A. Delaire, secrétaire général des Unions. 6e édit. br. in-32 0 fr. 15

BIBLIOTHÈQUE ANNEXÉE

F. Le Play. Choix de ses œuvres avec une biographie par M. Auburtin et un portrait 1 vol. in-16, cart. LXXIV - 251 pages........ 1 fr. 75
Ch. de Ribbe. Les Familles et la Société en France avant la Révolution d'après des documents originaux : 4e édition, 2 vol. in-12. 4 fr. — La Vie domestique, ses modèles et ses règles. 2 vol. in-12. 6 fr. — Une famille au XVIe siècle. 1 vol. in-12. 2 fr. — Le Livre de Famille. 1 vol. in-12. 2fr. — Le Play d'après sa correspondance. 1 vol. in-18. Pour les membres, 1 fr. 60; pour le public........ 3 fr. 50
Claudio Jannet. Les Etats-Unis contemporains, avec une lettre de M. F. Le Play : 4e édit., 2 vol. in-12. 8 fr. — Le Code civil et les réformes indispensables à la liberté des familles. 1 br. in-18. 0 fr. 30. — Le socialisme d'Etat et la réforme sociale, 2e édit. 1 vol. in-8°, 7 fr. 50. — Le Capital, la Finance et la Spéculation. 1 vol. in-8°. 8 fr. — Les grandes époques de l'histoire économique, 1 vol. in-12 (pour les membres, 2 fr. 80)........ 3 fr. 50
Jules Michel. Manuel d'économie politique et sociale, 1 vol. in-12...... 2 fr.
Comte de Butenval. Les lois de succession appréciées dans leurs effets économiques par les Chambres de commerce de France. 4e édit. in-18. 0 fr. 60
Pr Ferrand. Les Pays libres, leur organisation et leur éducation d'après la législation comparée. Ouvrage couronné par l'Institut. 1 vol. in-18. 3 fr. 50
— Les Institutions administratives en France et à l'étranger, 1 vol. in-18. 6 fr. »
Léon Lefébure. Le Devoir social. 1 vol in-12........ 3 fr.
G. Picot, de l'Institut. Un Devoir social et les logements ouvriers. in-18. 1 fr.
Comte de Bousies. Les lois successorales dans la société contemporaine. 1 vol. in-8°, 2 fr. 50. — Le Collectivisme et ses conséquences. 2 fr. 50
P. du Maroussem. La Question ouvrière; 4 vol. in-8° avec trois préfaces de M. Funck-Brentano. — I. Les Charpentiers de Paris; II. Ébénistes du faubourg Saint-Antoine; III. Le jouet parisien; IV. Les Halles. Ch. vol........ 6 fr.
[illegible] Comte. Alcoolisme et Epargne, 2e édition, in-32........ 0 fr. 50

ENQUÊTE SUR LES FAMILLES ET L'APPLICATION DES LOIS DE SUCCESSION

Première série, 1867-1868. — Ch. fascicule : 2 fr.

I. — Enquête dans le département de l'Isère, par M. CLAUDIO JANNET; dans le département de la Drôme, par M. HELME; et dans les Pays basques, pas DON ANTONIO DE TRUEBA; suivie du rapport de M. AUGUSTIN COCHIN à la Société d'économie sociale et de la discussion dont il a été l'objet.

II. — Enquête dans les départements des Basses-Alpes, des Hautes-Alpes, des Alpes-Maritimes, des Bouches-du-Rhône, du Var, de Vaucluse et partie du Gard, faite de septembre 1867 à février 1868, par M. CLAUDIO JANNET, avocat à Aix; suivie du rapport de M. ALBERT GIGOT à la Société d'économie sociale et de la discussion dont il a été l'objet.

Deuxième série, 1884-1896. — Ch. fascicule : 2 fr.

I. — Avertissement, p. 1. — Le domaine du paysan devant la coutume et le code, rapport général de M. AD. FOCILLON, p. 3 — Index; définitions et indications bibliographiques, p. 29. — Travaux et mémoires : I. La famille rurale des Cévennes, autrefois et aujourd'hui, par M. AD. MATHIEU, p. 35. — II. L'état des familles dans un canton de la Franche-Comté, par M. FUSENOT, p. 56. — III. La situation des familles dans un village du pays basque français, par M. LOUIS ETCHEVERRY, p. 67. — IV. La famille et les lois de succession dans un village de la Guyenne, par M. E. VIGOUROUX, p. 84. (*Ce fascicule est épuisé.*)

II. — Avant-propos, p. 1. — I. Pétition de M. JULES FOURDINIER au Sénat, p. 3. — II. Projet de loi ayant pour objet d'assurer la protection de la petite propriété, p. 9. — III. La protection de la petite propriété devant les sociétés savantes : MM. MÉPLAIN, WELCHE, CLAUDIO JANNET, A. SAGLIO, etc., p. 21. — IV. La question du Homestead en Angleterre : *Pro aris et focis*, par M. DEVAS, p. 35. — V. La petite propriété aux États-Unis, par M. G. ARDANT, p. 49. — VI. L'institution du Homestead : aperçu des dispositions qui pourraient être adoptées pour réaliser cette réforme en France, par M. SATURNIN VIDAL, p. 61. — VII. La nouvelle loi autrichienne en faveur de la transmission intégrale de l'atelier rural, par le Dr WALTER KAEMPFE, p. 69.

III. — Avant-propos, p. V. — Index bibliographique (1) pour servir aux études sur l'organisation de la famille, p. VII. — **Études générales**: I. L'autorité paternelle et le droit de succession des enfants, par M. E. GLASSON, de l'Institut, p. 1 — La famille devant les droits de mutation : les familles fécondes surtaxées, par M. A. MATHIEU, p. 20. — **Enquêtes et monographies locales :** I. La famille creusoise devant les prescriptions du code et l'endettement hypothécaire, par M. HENRY CLÉMENT, p. 315. — II. Un coin de la France du centre : monographie du village du Temple (arrondissement de Brive, Corrèze), par M. PAUL DUBOST, p. 55. — III. Une enquête sur la propriété et la culture dans le Boulonnais, par M. C. FURNE, p. 101.

IV. — I. Le foyer ou le bien de famille, sa conservation, sa transmission héréditaire, par M. DE LOYNES, p. 1. — II. La protection de la petite propriété rurale et le Homestead en Russie, par M. POBEDONOTZEFF, p. 39. — III. Les réformes successorales à l'île Maurice, par M. A. DE BOUCHERVILLE, p. 44. — IV. La maison ouvrière et les réformes successorales d'après la proposition de loi de MM. SIEGFRIED, AYNARD, etc., p. 48. — V. L'institution et l'organisation des Rentengueter dans le royaume de Prusse, par M. ERNEST DUBOIS, p. 56. — VI. La constitution de la famille et du patrimoine sous le for en Béarn; persistance des idées anciennes sous le code, par M. LOUIS BATCAVE, p. 85. — VII. La protection de la petite propriété en Italie, par M. le professeur SANTANGELO SPOTO, p. 136. — VIII. Une loi anglaise sur les petits domaines agricoles, par M. J. CAZAJEUX, p. 140. — IX. Les sociétés de famille dans le droit civil portugais, par M. F. LEPELLETIER, p. 145.

V. — I. Les lois d'Homestead exemption aux États-Unis, par MM. E. LEVASSEUR, de l'Institut, et HENRY C. HALL, p. 1. — II. L'Homestead en France, par MM. LEVASSEUR, LÉVEILLÉ, ABBÉ LEMIRE, p. 35. — III. L'institution des biens de famille devant le Parlement Italien, par M. SANTANGELO SPOTO, p. 61. — IV. Commentaire de la loi du 30 novembre 1894 sur les habitations à bon marché, par M. JULES CHALLAMEL, p. 75. — V. Les partages d'ascendants : réformes juridiques et fiscales qu'ils réclament, par MM. CH. HARDY et LOUIS FOURNIER, p. 92.

Troisième série, ouverte en 1898. — Ch. fascicule : 1 fr.

I. — Le nouveau régime successoral institué par la loi du 30 novembre 1894, par M. JULES CHALLAMEL, p. 1. — De la liberté de tester chez les peuples étrangers et en France, par M. RAOUL DE LA GRASSERIE, p. 30. — La jurisprudence de l'assurance sur la vie et la quotité disponible, par M. THALLER, p. 98.

II. — Une nouvelle proposition de loi pour la conservation des petits patrimoines, par M. J. CHALLAMEL — Quelques réformes législatives en matière de puissance paternelle, par M. H. TAUDIÈRE. — Les effets des lois de partage successoral dans la région rhénane d'après une enquête officielle, par M. GEORGES BLONDEL. — De l'indisponibilité et de l'indivisibilité totales et partielles du patrimoine, par M. RAOUL DE LA GRASSERIE.

PARIS. — IMPRIMERIE F. LEVÉ, RUE CASSETTE, 17.

www.ingramcontent.com/pod-product-compliance
Lightning Source LLC
LaVergne TN
LVHW010338230826
846091LV00009B/3928

* 9 7 8 2 0 1 1 9 0 5 2 3 9 *